Thomas Kirschgen

Dat dehdet och

Anekdötchen aus Gürzenich

und Umgebung

mit einem Kapitel von Josef Kirschgen, senior

Dat dehdet och

Rheinländer aus drei Generationen kramen in ihrer Gedächtniskiste – und heraus kommen Schmunzelgeschichten aus allen Lebenslagen. Egal ob es sich um Verwandtschaft, Vereinsleben oder Lokalpolitik handelt – im Rheinland herrscht die Devise: „Leben und leben lassen!" – Mit anderen Worten: „Dat dehdet och!"

Dr. Thomas Kirschgen, Jahrgang 1964, Chemiker an der Aachener TH[1], legt mit diesem Buch sein Erstlingswerk vor, wenn man von seiner Dissertation absieht.

---

[1] TH – *tu höösch!*

Dat dehdet och

Meinem Vater gewidmet.

Dat dehdet och

Herstellung und Verlag:
BoD - Books on Demand, Norderstedt
ISBN 978-3-7322-9989-8

Dat dehdet och

Inhaltsverzeichnis

Vorwort	7
Der Nabel der Welt	9
Das alte Gürzenich	17
Notizen von Opa Josef	25
Kreet Ihr e nöj Daach? – Nazizeit in Gürzenich	31
Der Krieg und seine Spätfolgen	35
Du bes' och jett am boue	41
Die ersten Grünen – Leben ohne Auto	47
Drej Bier – Vereinsleben in Gürzenich	55
Entweder me häddet, odde me häddet net	61
Die lieben Nachbarn	71
Jong, ess nojett	75
Kultur trifft Unschuldigen – den Rheinländer	79
20 Mark vüer de hillije Antonnius	87
Lokalpolitik im Rheinland	91
Rasenmähen und andere Hobbies	95
Neddezier oder *Su aalt wedd kenne*	101
Hilfe, wir sterben aus – Danksagungen	105

Dat dehdet och

Dat dehdet och

Vorwort

Wie wird man zum Rheinländer? – Am Besten, indem man in einem Dorf wie Gürzenich aufwächst – oder einem anderen Ort in dieser schönen Gegend, *dat dehdet och*. Besser als mit dem Titel dieses Buches kann man einen typischen Wesenszug dieses Völkchens zwischen Rhein und Maas nicht beschreiben. Undogmatisch wäre vielleicht ein Wort, das man bemühen könnte, um sich dieser Eigenart des Rheinländers zu nähern. Aber viel besser klingt das eben im Originalton.

Und hier *hammeret Proplem*: Wie soll man bloß das rheinische Platt, diese Sprache des gesprochenen Wortes, zu Papier bringen? – Daran tüfteln zahlreiche Vereine zur Erhaltung der lokalen Muttersprache, die in meinem Fall die Vatersprache ist.

Ich habe mich orthographisch weitestgehend an das sehr hilfreiche Wörterverzeichnis aus dem

Dat dehdet och

Buch „*Oma Jertrud*" gehalten, das mein ehemaliger Laienspielkollege *Schmitze Diete'* geschrieben hat [2].

Dieter wohnt seit langem in Finnland. Ihm gebührt mein ganz besonderer Dank; denn ohne seine Anregung wäre dieses kleine Buch nicht entstanden. Wer *Spass un' Froid'* an meinem Buch findet, sollte unbedingt „*Oma Jertrud*" lesen.

Das vorliegende Buch ist eine Sammlung ganz persönlicher Erinnerungen – selbst Erlebtes und von meinem Vater Erzähltes. Das Kapitel „Notizen von Opa Josef" stammt von meinem Großvater väterlicherseits.

Sollte ich irgendetwas falsch wiedergeben, so sage ich in bester rheinischer Manier: „*Dat kann jo ens passiere …*"

---

[2] Oma Jertrud : Schmunzelgeschichten aus dem Rheinland / Dieter Hermann Schmitz. – Aachen : Mainz, 1995; ISBN 3-89653-013-5

Dat dehdet och

Der Nabel der Welt

„*In der Nähe der Stadt Düren liegt, von fruchtbaren Aeckern umgeben, ein grosses Pfarrdorf mit Namen Gürzenich. Hier hatte ein altes Rittergeschlecht, der Stamm der Herren von Gürzenich, seinen Sitz. Diese Edelleute standen in freundschaftlichen Beziehungen zu den Erzbischöfen von Köln, besonders in jenen Zeiten, wo letztere sich für die Herren der Stadt Köln ansahen und in derselben ihre Residenz nahmen. Gleich manchen andern Grafen, Rittern und Herren aus dem Kölner, dem Jülicher, dem Bergischen und den übrigen benachbarten Landen, erwarben sich auch die Herren von Gürzenich in der Stadt Köln ein Absteigehaus, für welches sich naturgemäss die Benennung „Gürzenicher Hof" oder „Haus Gürzenich" feststellte* [3]*."*

---

[3] Zitat aus: J. J. Merlo: *Haus Gürzenich zu Köln, sein Saal und dessen Feste. Nach den Urkunden.* In: *Annalen des Historischen Vereins für den Niederrhein,* 43 (1885), S. 1

Dat dehdet och

Mit Stolz erfüllt mich immer, wenn ich einem Köllner sagen kann: „Ich komme aus Gürzenich." – Der *Köllsche* ist dann jedes Mal platt: „*Ennee!*"

Tatsache ist, dass Gürzenich in Köln wesentlich prominenter ist, als die Kreisstadt Düren, die sich Anfang der Siebziger Jahre des vorigen Jahrhunderts im Zuge der kommunalen Neugliederung erdreistete, Gürzenich und zahllose andere Dörfer einzugemeinden. Vorher gehörte Gürzenich verwaltungsmäßig zum Amt Birgel.

Verwaltung, Kommune, *dat is janz ejaahl,* der Nabel der Welt *es' emme' et Dörp* oder in Köln *et Veedel.* Je kleiner und überschaubarer die Umgebung, in der man aufwächst, desto leichter findet man sich darin zurecht, und es entsteht so etwas wie ein Gefühl von Heimat.

Man muss natürlich dazu gehören – wollen und können. Voraussetzung für Letzteres ist, dass man schon seit Generationen ortsansässig ist.

Dat dehdet och

So kam es, dass meine Mutter, geboren in Hamminkeln am Niederrhein, aufgewachsen auf Gut Karlmannserde bei Jülich, immer eine Fremde im Dorf blieb. In Köln wäre sie als *Immi* bezeichnet worden.

Was das heißt, fremd zu sein, zeigt folgender Dialog, der sich so ähnlich in Mützenich zugetragen haben soll: *„Dämm Schubbes Pitt singe Jong hat sisch bestaad* [4]*."* - *"Suë!"* - *"Hött öss ävver net vaa hee."* - *"Vaa wo öss hött da?"* - *"Vaa Konze* [5]*."*

Ich selbst habe 23 Jahre in Gürzenich gelebt und habe mich immer als *eschte Jüzzenije Jong* gefühlt. Schließlich bin ich ja *Kirschjens Willi desenge*. Ich konnte *quasi* darauf aufbauen, dass mein Vater das Generationenkriterium bestens erfüllte.

Und bei mir war außerdem genügend guter Wille vorhanden, mich in das Dorfgefüge einzuflechten, was man von meinem Bruder und

---
[4] verheiratet
[5] Konzen, Nachbardorf von Mützenich

Dat dehdet och

meiner Schwester damals nicht unbedingt sagen konnte.

Während ich voll im Dorf- und Vereinsleben integriert war, konzentrierten sich meine Geschwister auf außerdörfliche Aktivitäten. Das schloss so etwas wie eine vorläufige Ablehnung des inneren Rheinländers mit ein. Vorläufig deshalb, weil meine Schwester Maria durch ein mehrjähriges Wohnprojekt in Köln zur spät berufenen Rheinländerin mutierte.

Die langfristige Folge war, dass meine Nichte in Buenos Aires *Kölsch* beigebracht bekam, und das Lied *Die Mösch* von Willi Ostermann sang. Auf dem Video ist es herrlich, mit anzusehen, wie sie bei dem rheinischen *sch* den Mund zur Schnute verzieht.

Auch mein Bruder Josef hat seine anfängliche Aversion gegen alles Rheinische *(sujett wie Karneval)* spätestens dann abgelegt, als er im Kölner *Humba Efau* trommelte.

Warum erzähle ich das? – Weil es nicht selbstverständlich ist, dass es überhaupt so kam;

Dat dehdet och

denn meine Mutter war streng: Meinem Vater wurde untersagt, mit uns Kindern Platt zu sprechen; schließlich hätte das unserer schulischen Entwicklung schaden können. Erst mit Anfang Zwanzig haben mein Bruder und ich unseren Vater nicht mehr Papa, sondern *Pap* genannt.

Ein Makel wird mir immer anhaften: Ich habe den Dialekt nicht von der Pike auf gelernt. Mühsam musste ich versuchen, mich sprachlich dem *Jüzzenijer Platt* zu nähern – es wird mir nie ganz gelingen.

Da ist es schon viel einfacher, im Urlaub den Rheinländer zu geben, oder in Aachen den Dürener; denn *do krett dat jo kenne met, dat isch dat ejentlisch net richtisch kann.*

Anders als in Köln ist Gürzenich in Aachen weniger bekannt, als Düren. Und da schlüpfe ich eben in die Rolle der *Doof Nuss* (Kennzeichen DN).

Man muss schon ein gewisses Selbstbewusstsein aufweisen, um sich in Aachen

Dat dehdet och

freiwillig als Dürener zu erkennen zu geben; denn die *Öscher* fangen immer an zu *griemeln*, wenn man erzählt, wo man herkommt. Die denken dann immer an den *Jeckebersch*.

Köln sah ich als Jugendlicher als die wichtigste Stadt in der Umgebung von Gürzenich an – Aachen dagegen war für mich persönlich uninteressant.

Inzwischen fühle ich mich in Aachen wohl. Natürlich fehlt hier die Nestwärme; denn nirgendwo ist es bekanntlich so schön wie in der Heimat.

Einmal abgenabelt begann das rastlose Umherirren in der Fremde: Siebenmal umgezogen im Aachener Stadt- und Kreisgebiet (Kennzeichen AC)!

Das wäre meinem Vater nie passiert. Der wusste noch, wo er hingehörte. Er zog nur ein einziges Mal freiwillig um: Knapp 200 Meter weit von der Steinmaar in den Kirchendriesch; selbstverständlich innerhalb von Gürzenich.

Dat dehdet och

Mich hat es dagegen bis nach Monschau verschlagen (auch ein Opfer der Neugliederung: ehemaliges Kennzeichen MON – Männer ohne Nerven).

Die Monschauer nehmen es übrigens mit dem Lokalpatriotismus noch genauer als die Gürzenicher. Da kann es schon mal passieren, dass man in der Metzgerei oder im Schreibwarenladen nicht gegrüßt wird, weil man nicht dazu gehört.

Von solchen Auswüchsen soll aber hier nicht länger die Rede sein. Wir kommen jetzt endlich zum Nabel meiner Welt: Gürzenich, *Jüzzenisch*, oder *Jürzenisch*, wie es klingt, wenn der Gürzenicher Hochdeutsch mit *Knubbelen* spricht. [6]

---

[6] Mein Vater sagte immer: „Ich spreche drei Sprachen: *Huhdütsch, Platt un' övver anger Löck.*"

Dat dehdet och

Dat dehdet och

Das alte Gürzenich

Das alte Gürzenich kenne ich fast nur aus der Erinnerung meines Vaters. *Et woar en' angere Zegg*, in der man damals lebte; besonders hat man viel Zeit zusammen mit Anderen verbracht, zum Beispiel mit *Musick un' Ve'zäll op de Stroaß*. Die Bewohner der Steinmaar nahmen bei gutem Wetter einfach Stühle mit *no drusse vürem Dürpel*. Der Eine brachte eine Zitter mit, der Andere vielleicht eine Gitarre und dann *jeng et loss*.

So etwas wäre heute undenkbar. Auch schon in meiner Jugend hatte längst das Fernsehen die Herrschaft über das Kommunikationsverhalten der Deutschen übernommen. Wie hätte meine Urgroßmutter das TV wohl genannt? – Denn *de Jrooß saaht att vüer't Radio: de Düvelskeeß*.

Ich will gar nicht behaupten, dass früher alles besser war; nur anders. Mein Vater lebte noch bis Anfang der 1960er Jahre in einem kleinen Haus, das nur drei Zimmer hatte: Eine Küche, die auch

Dat dehdet och

gleichzeitig Wohn- und Badezimmer war, oben ein Schlafzimmer für die Eltern und eins für den Sohn. Im Garten gab es ein *A.B.* Da musste man sich im Winter überlegen, ob man sich in die Kälte hinaus wagen sollte, oder nicht.

Trotz oder gerade wegen der einfachen Verhältnisse war man gerne zu Gast bei *Tant Jretchen un Omme Jösef*, weil Oma gut backen konnte. Einmal hat sie meinem Vater einen Weck nach Bayern in die Ausbildungskaserne geschickt, von dem die Kameraden meinten, er sei ein Kuchen gewesen.

Beim 66-Spielen kam man sich oft so sehr in die Haare, dass die Karten flogen. Überhaupt gehört eine besondere Eigenschaft zu meiner Familie: Die *krienistije Tön*.

Oma Margarete zog ihren einzigen Sohn, *et Willischen*, immer gerne schick an. Das nahm der Uropa zum Anlass, um zu meinem Vater zu sagen: *„Jong, jank dursch de Sooht, da' froit sich de Mamm!"*

Dat dehdet och

Ansonsten fiel der Urgroßvater durch seinen Zeigefinger auf; der war vom jahrelangen Stopfen der langen Pfeife krumm geworden.

Vielleicht war die Wertschätzung für ältere Herrschaften früher größer als heute. Der alte Herr Körfer war zu einem Fest eingeladen und wurde hinterher gefragt: *„Wie häddet enne da' jefalle, He' Körwer?"* – *„Et woar va allem jenooch do, ävve et hätt misch net jeschmaat."* – *„Wovüer dat da' net?"* – *„De Annemier hätt jefählt."* – Anscheinend setzte der Verfall der guten Sitten schon sehr früh ein.

Was hingegen noch sehr streng gehandhabt wurde, war die Erziehung der Schulkinder zu anständigen Menschen (mit Betonung auf anständig).

Meinem Vater bekam es sehr übel, als er sich beim Vorlesen seines Aufsatzes mit dem Titel „Die Dreschmaschine" folgenden Versprecher leistete: „Die Männer auf dem Kasten schwitzten so sehr, dass ihnen der Scheiß die Backen hinunter lief."

Dat dehdet och

Das setzte eine gehörige Tracht Prügel mit dem Rohrstock. Zuhause hätte man das nicht erzählen dürfen, weil es dann noch Nachschlag (im engeren Sinne) gegeben hätte.

Themenwechsel: Die Autos, die täglich durch Gürzenich fuhren, konnte man zählen. Schon ein Fahrrad war eine Errungenschaft. Man ging zu Fuß, und das auch über längere Strecken.

Ein Großonkel meines Vaters kam eines Morgens bei *Jriet un Jösef* an und hatte noch Stroh am Mantel hängen. Er war zu Fuß von Aachen gekommen, wollte spätabends nicht mehr stören und hatte kurzer Hand in einem *Strohbärm* genächtigt.

Von der Gemütlichkeit der alten Zeit habe ich kaum etwas selbst erlebt. Es war zu meiner Kindheit immerhin noch üblich, *dat Watteles Matting seng Köh* vor unserem Haus ihre Fladen hinterließen.

Später wurde das Vieh abgeschafft und die Weiden als Bauland verkauft. Gürzenich ist seitdem auf dem Weg zur Vorstadt von Düren.

Dat dehdet och

Nur noch wenige landwirtschaftliche Betriebe sind erhalten geblieben, und das dörfliche Flair hat sich zusammen mit der Landluft teilweise verflüchtigt.

Aber ich will *jo net kriesche*, sondern ein bisschen in der Gedächtniskiste kramen.

Wie schön war das, dass immer so viele Sachen an der Haustür verkauft wurden. Meine älteste Erinnerung, was das anbelangt, führt mich zu „Damens Sahneeis" im silbernen oder goldenen Stanniolpapier, das mit der Goggomobil Limousine ausgeliefert wurde.

Später kam dann immer Bäcker Mohr (für *Pap* immer nur Alfred) mit seinem Ford Granada Kombi. Wenn wir brav gewesen waren, durften wir uns immer draußen am Wagen was aussuchen. *Et joof Appeltaat* mit Riemchen und leckere Teilchen, auf die wir uns immer besonders freuten, zum Beispiel *weddelisch sööße* Rosinenrollkuchen.

Die *Taat* gab es bei uns immer mit Koffeinfreiem Kaffee Hag. *Et Hetz!* – *Pap* bevorzugte etwas Stärkeres: Muckefuck. Ein

Dat dehdet och

gestrichener Esslöffel auf eine ganze Kanne. Das war der Original-Blümchen- oder Bodenseh-Kaffee.

Un da' woar dat onnoch esu heeß, dat de desch de Schnüss vebrööe konts; aufgeschüttet wurde nämlich *deräktemang* aus dem Kessel in die Thermoskanne – *un de Deckel dropp*. Kennen Sie das Geräusch, das die Kanne dann von sich gibt? *We' koam da' sons noch? – Ajo, de Eijerwissel.* Seit damals habe ich noch nie ein ganzes Brett Eier gekauft, was bei uns damals normal war.

Und dann kam Herr Neumann mit den Milchflaschen. Und der LKW mit den Korbwaren. *Pap* erzählte, dass früher Holländische Händler *Herringe a de Dürre vekoofe däte*.

Zurück zum Thema Verwandtschaft: Meinen Opa habe ich leider nie kennen gelernt. Er starb ungefähr 10 Jahre, bevor ich geboren wurde. Auch an meine Oma kann ich mich kaum erinnern. Als Ersatzopa wählte ich mir Onkel

Dat dehdet och

August, der eigentlich Konrad hieß, und ein Bruder meines Opas war.

Onkel August muss früher sehr unter dem *Schlupp* seiner Frau, Tante Kordula, gestanden haben. Im Alter hat er es aber gut hingekriegt, Ruhe und Gelassenheit zu praktizieren und dadurch auch auszustrahlen.

Onkel August ging täglich mit zwei alten Freunden spazieren. Alle drei hatten schwere gedrehte Spazierstöcke. Die von uns Jüngeren so genannte Rentnerband ging immer dieselbe Strecke: *Et Dörp 'eropp, vürem Scheesplaatz lenks, schwatze Wäesch, un' zeröck.*

Auf einer Bank wurde Pause gemacht und eine Zigarre (Handelsgold) geraucht. Heute muss man Ratgeber lesen, oder Wellnessurlaub machen, um heraus zu finden, was die Leute früher schon längst wussten: Ruhe tut gut.

Ich mochte Onkel August sehr. Er war nicht besonders gesprächig. Er hatte einfach eine Art an sich, dass ich mich als Kind in seiner Nähe wohl fühlte.

Dat dehdet och

Wenn er rauchte, machte er sich oft einen Spaß daraus, mit dem Qualm zu spielen. Er sagte dann zum Beispiel: „*Isch kann dursch de Auren* [7]!" – Und dann blies er auf eine bestimmte Art Rauch aus.

---

[7] *Auren* ist die abgemilderte Form von *Oore*. Onkel August sprach Hochdeutsch mit *Knubbelen*.

Dat dehdet och

Notizen von Opa Josef

En oserem ahle Jüzzenisch [8]
floss einst der Branntwein fürchterlich.
*Dä Schäfers Zens un die Muurens Kuur
hoddere meestens ene am Uhr.*

*Vüer 5 Pfenneng – jlöft dat bloß –
joof et ene Haleve riesengroß.
Helbrands Kobes on de Alpenvater
dronke davon e janz Jeschwader.*

*Och Pette-Josepp woar emme dobej
wenn et hoosch: „Nu drenkeme no drej."*

Zu meiner Kindheit war nicht manch einer in Gürzenich, der nicht einen Beinamen hatte. Im 3. Reich sollte das alles weg fallen. Trotzdem gab es noch Beinamen, wie „Herrmann der Prächtige",

---

[8] Mein Opa Josef Kirschgen, 26.04.1890 bis 05.05.1954, berichtet hier aus seiner Jugend, also der Zeit vor dem ersten Weltkrieg. Der Text wird hier gekürzt wiedergegeben.

Dat dehdet och

"Josef der Schmächtige" und "Horst *kannste Wechsele*"!

Die Steinmaar war besonders tonangebend in Beinamen. So hieß es bei Vandernesche *an Kroms*, bei Phillips der Ochsenbauer. – Das Fell des Ochsen war lebend gegerbt. – Auch gab es bei Phillips bis 1914 kein A.B.: „*Sooß dä Wellem op dä Meeß, luhrt die Brellmanns* [9] *durch de Keeß* [10].“

Broichjans Arnold war *de Fötel* oder *Krombotz*. Der alte Mohr war der Ochs; er schnarchte, daß man es auf der Straße hören konnte.

Besondere Originale waren *Pette-Josepp*, *Steens Pönn*, *Läppesch Nääß* und *Nevelsteens Prütz* (oder der Alpenvater). Der alte Röb war *de Küüles*. Ich erinnere mich noch aus der Jugendzeit, als wir Röb bei Nacht und Nebel ein Ständchen brachten – und aus dem Fenster flog uns die Weckeruhr nach.

---

[9] Ein weiterer Beiname für die Vandernesche.
[10] *Keeß* bedeutet hier ein kleines Fenster.

Dat dehdet och

Der alte Herr Porschen wurde oft von durstigen Burschen nachts geweckt. Nun wurde aufgepasst: Ehe er aufmachte, goss er sich zuerst einige hinter die Binde. „Du säufst was Du kriegst", sagte er.

Der alte Schingen war der Eierkönig. Wenn er montags morgens um 4:00 Uhr die Sensen klopfte, brachten ihm *Kirschjens Pauels* [11] und der alte *Mostard* ein Ständchen: *„Die Äppel die senn fuhl."*

Das frühere Gemeindeoberhaupt Christian Weisweiler war der Stoppelbart. Oft musste er zu Gemeindetagungen. Der Ausgang wurde ihm einmal zum Verhängnis. Das Schlüsselloch wurde mit einem *Holzpennchen* zugestopft.

Jetzt kam die große Enttäuschung. Die Gestrenge musste geweckt werden. Aber auch sie vermochte die Tür nicht zu bewegen (unter lautem Schimpfen). Da musste das Dienstpersonal die Hoftür öffnen. Zuerst mussten die Pferde

---

[11] Der Großvater meines Opas.

Dat dehdet och

angespannt und ein mit Frucht beladener Wagen weggefahren werden.

Dann konnte der Stoppelbart ins Haus zu seiner Gestrengen. Das Theater drinnen wurde am Bach liegend abgelauscht.

Im 1. Weltkrieg ging *Pette-Josepp* mit *Moppe Ann* über die Dörfer *fechten* und hatte sogar feste Kundschaft, wo er Speck, Kartoffeln und Brot abholte. War *Pette-Josepp* fertig, setzte er sich hinter die Hecken und schickte *Moppe Ann* (seine Frau) los: *„Do jeste erenn on brengs mer net wennijer wie drej Kauche Morre met!"*

Pette-Josepp war so gerissen, ehe er losging, fragte er die Kinder nach dem *Kirchenpatröner* und sagte den Bauern, daß er sich auch für den genannten Heiligen gebetet hätte.

Ein besonderes Original war der frühere Nachtwächter *Blums Kobes*. Der hatte folgende Eigenschaften:

1. hörte er nichts,

Dat dehdet och

2. trug er auf der Brust eine Laterne (damit man ihn gut sehen konnte),
3. trug er Holzschuhe (damit man auf ihn aufmerksam wurde).

Ferner trug er ein großes Horn, mit dem er die Uhrzeit blies. War er abends in einer Wirtschaft, hieß es: *„Kobes drenk noch ene Haleve!"*

Mit *Kobes* wurde so allerhand Schabernack getrieben. Wenn er dann zum Trinken angehalten wurde, stopfte man ihm das Horn mit Lehm zu. Nun wurde *Kobes* zum Blasen veranlasst. Oder man band seinen Hund los und einen *Kegelpenn* an die Leine.

Kobes wurde nun heraus gelockt: *„Et senn Spetzbove em Dörp!"*, und mit Juchhei ging's durch den Bach. *Kobes* mit den Holzschuhen und dem *Penn* an der Leine hinterher, immer durch den Bach. Die Meute trieb *Kobes* und sorgte dafür, daß er nicht ausweichen konnte.

Die Turner, die stets zu bösen Streichen aufgelegt waren, waren die, die *Kobes* am Meisten quälten. Im Turnverein gab's ein

Dat dehdet och

besonders Turnkleid, um den „Turnerlang" zu machen. Zwei Turner standen aufeinander. Das Kleid hing bis zur Erde, die Arme verlängert durch zwei Stöcke mit Handschuhen. Auf dem Kopf ein großer weißer Hut.

Einmal hieß es: „Wir wollen *Kobes* mal bang machen." – Nun gut, die ganze Schar um *Kobes* versammelt, damit er nicht ausweichen konnte, trieb man ihn zum Oberdorf. *„Ovve senn Spetzbove!"*, so wurde das Gaudium getrieben bis zum *Jüddekamp* (Judenfriedhof). Die Turner hatten dort Aufstellung genommen als „Turnerlang".

„Kott eraaf", wurde gerufen, *„Kobes es he"* (der hörte das ja nicht). – *„Kobes ene Jeist!"* – Und der Geist schritt hinter *Kobes* her, immer eine Hand über *Kobes* Kopf haltend, bis zum Schlagbaum. [12]

---

[12] Die Episode vom Nachtwächter *Blums Kobes* stammt vom Onkel meines Großvaters, Johann Liebreich.

Dat dehdet och

Kreet Ihr e nöj Daach? – Nazizeit in Gürzenich

Meine Vorfahren väterlicherseits gehörten zu einer Arbeiterfamilie. Man war seit Generationen bei der Firma Kufferath als Drahtweber tätig. Mein Uropa sagte zu meinem Opa, er solle sich mit dem Abschlusszeugnis der Schule direkt beim Meister vorstellen, und vorher erst gar nicht nach Hause kommen. Aus der Zugehörigkeit zur Arbeiterklasse rührte eine gewisse Nähe zur SPD.

Als die braune Zeit kam, sah sich ein politisch engagierter Nachbar anlässlich einer Rede des Führers bemüßigt, den Volksempfänger laut zu stellen und mit folgenden Worten auf die Straße zu richten: *„Vüer die Ruude en de Steenmaat!"*

Am Tag des Progroms im November 1938, war meine Oma wie üblich zum Einkaufen im jüdischen Lebensmittelladen, schräg gegenüber der Synagoge. Einige Männer aus Gürzenich waren gerade dabei, das Dach der Synagoge

Dat dehdet och

abzudecken. Der Dachstuhl wurde anschließend zerstört und nicht etwa verbrannt, um benachbarte Häuser und Scheunen vor einem Übergreifen der Flammen zu schützen.

Meine Oma fragte in ihrer grenzenlosen Naivität: *„Kreet Ihr e nöj Daach?"* – Mein Vater erzählte diese Begebenheit oft, und jedes Mal kamen ihm dabei die Tränen.

Meine Verwandten waren keine Widerstandskämpfer; aber jedenfalls auch keine Sympathisanten. Mein Opa konnte sich aus der Affäre ziehen, als er nach langer Schicht von der Arbeit nach Hause kam und zum Anpacken aufgefordert wurde, indem er sagte, er sei zu müde.

In meiner Schulzeit war der Nationalsozialismus eines der zentralen Themen im Geschichtsunterricht. Wir waren als Schüler überwiegend der Meinung, dass unsere Großeltern und Eltern mehr hätten unternehmen müssen, gegen das, was geschah.

Dat dehdet och

Ich will mich hier nicht zu einem moralischen Urteil aufschwingen; was ich allerdings nie verstanden habe, sind Äußerungen meines Vaters wie: „Es war nicht alles schlecht, was der Hitler gemacht hat ...", oder wenn er in Rage war: *„Et mööt nochens ene kleene Hitler komme ..."*

Hier half kein Diskutieren. Mehr zum Thema Vergangenheitsbewältigung im nächsten Kapitel.

Dat dehdet och

Dat dehdet och

Der Krieg und seine Spätfolgen

Krieg und Soldatentum spielten eine zentrale Rolle im Leben meiner Vorfahren. Die nachfolgenden Generationen können gar nicht hoch genug einschätzen, was es heißt, ohne Krieg aufzuwachsen und jahrzehntelang ohne größere Angst vor Krieg zu leben.

Bei alldem, was mein Vater im Krieg und sein Namensvetter Willi in Kriegsgefangenschaft erlebt hatten, kann ich bis heute nicht nachvollziehen, dass beide eine positive Haltung zum Militär behalten haben. Als ich vor der Frage stand, was ich nach dem Abitur machen sollte, rieten mir beide, ich solle Offizier werden. Ich habe mich stattdessen für ein Chemiestudium entschieden.

Humor war ein Mittel für meinen Vater, mit den Gegebenheiten klar zu kommen. Dabei muss man sagen, dass er eine gehörige Portion Glück hatte.

Dat dehdet och

Das fing schon an, als er den Gestellungsbefehl des Heeres bekam, und ihn seinem Meister in den Dürener Metallwerken vorlegte.

Der Meister sagte: „Da kommst Du nicht hin."
– *Pap* darauf: „Da können Sie doch nichts dran machen!" – Nach einem kurzen Telefonat erklärte ihm der Meister, dass die Mitarbeiter dieses Rüstungsbetriebs, der für die Luftwaffe produzierte, für eben diese Waffengattung reklamiert seien. So kam es, dass mein Vater erst ein Jahr später eingezogen wurde.

Ein weiterer Glücksfall war die Einberufung meines Vaters zur Flak; also eines Truppenteils, der immer relativ sicher hinter der Linie zum Einsatz kam. Die rheinische Deutung der Abkürzung Flak lautete daher *Fuule Labbes am Kannönnsche*. Oder, noch treffender, die Beschreibung der Tätigkeit an der Flak: *„Do schüüste drej mool delangs, un' da' häste Fierrovend."*

Dat dehdet och

An einem seltenen freien Tag mit Ausgang begegneten meinem Vater zwei echte Landser, die ihn gleich auf seine begünstigte Position aufmerksam machten: *„Waat aaf, em nähste Kreesch wissde och Soldat!"*

Auch sonst behalfen sich die Soldaten der Wehrmacht nach Kräften mit Humor; so etwa beim Thema Verpflegung: „Die Suppe war dünn, aber *lecker warm*. Das Fleisch war mit der Fernkampfbatterie hineingeschossen worden." – Oder noch besser: *„Dohnoch ene Emmer Wasse dobej – do komme noch zwanzisch Mann!"*

Nachdem gegen Ende des Krieges der Batteriechef die Geschütze hatte sprengen lassen, erteilte er an alle Soldaten den Befehl, sich auf westliches Gebiet durchzuschlagen und dort neu zu formieren. Das bedeutete im Klartext: „Rette sich, wer kann!"

Pap setzte sich zusammen mit seinem erfahrenen Kameraden *Jünter* Meier ab. Er hat über diese Flucht Tagebuch geführt, woraus er meinen Geschwistern und mir manchmal vorlas.

Dat dehdet och

Wir begannen zu verstehen, warum der Krieg das zentrale Thema im Leben unseres Vaters geworden und geblieben war. Die Bücher, die er später las, handelten alle vom Zweiten Weltkrieg.

Ich will hier nicht auf alles eingehen, was er erlebt hat; nur eine einzige Anekdote sei erzählt, welche zeigt, dass der Rheinländer auch in schwierigen Situationen nicht den Kopf verliert.

Mein Vater und sein Freund hatten Zivil angelegt, was strengstens verboten war. Als sie von russischen Truppen aufgehalten wurden, fingen sie an, Platt zu sprechen: *„Mir senn Holländer ..."*.

Die Russen, die offenbar Befehl hatten, schnell weiter nach Westen vorzudringen, ließen die Beiden tatsächlich laufen. Da soll noch mal jemand sagen, der Dialekt sei zu verabscheuen!

Die rheinische Sprache kann aber auch zu kleineren Missverständnissen führen. So berichtete *Pap* von einer kurzen Begebenheit, die ihm selbst irgendwann erzählt worden war.

Dat dehdet och

Im Französisch-Deutschen Krieg von 1870/71 war der Vater an der Front. Der Junge war bei den Großeltern. Der Opa las aus der Zeitung vor: „*Metz es jefalle.*" – *Doropp de Jong*: „*Woar dat e jruß Metz?*"

Aus dem Krieg nahm mein Vater ein paar Wörter Russisch mit. Da er ansonsten über keinerlei Fremdsprachenkenntnisse verfügte, zögerte er nicht, diese Russisch-Brocken an den Mann zu bringen, und zwar sinnigerweise, als er mich in Madrid anrief. Ich habe dort Ende der 1990er Jahre für zwei Monate gearbeitet und in einer Wohngemeinschaft mit zwei Spaniern und einer Spanierin gelebt. Einer meiner Mitbewohner nahm das Gespräch an und wunderte sich über das Russisch. Er hat den Hörer dann aber doch an mich weiter gegeben.

Onkel Willi aus Köttingen (Kennzeichen BM – Bereifter Mörder) hatte in seiner Kriegsgefangenschaft Schlimmes erlebt. Mir hat er nie etwas davon erzählt. Er war aber meistens ernst. Zusätzlich hatte er an einem langjährigen

Dat dehdet och

Krebsleiden schwer zu tragen. Ihn strengten manche alltäglichen Besorgungen sehr an.

So war er zum Beispiel einmal mit seiner Frau, *Tant Keethschen*, in einem Kaufhaus, um eine Hose zu erstehen. Wegen der Probleme, die Onkel Willi beim An- und Auskleiden hatte, vergaß er am Ende, seine eigene Hose wieder anzuziehen.

Als er so aus der Kabine trat, war die Peinlichkeit passiert, und *de Tant* kompli-mentierte ihn augenblicklich zurück in die Umkleide. Gesagt, getan. Wieder salonfähig bewegte sich Onkel Willi also zusammen mit seiner Gattin Richtung Ausgang. Da rief ein Kind: „Da ist der Mann wieder!"

Dat dehdet och

Du bes' och jett am boue

Nach der Hochzeit mit meiner Mutter Johanna, kaufte *Pap* von seinen Ersparnissen ein Grundstück. Mit Mamas Geld wurde dann gebaut. Das Haus bekam keinen Keller, weil das Viertel am Dorfrand Richtung Derichsweiler sehr feucht war, und mein Vater Angst vor Wasserschäden hatte. Außerdem gab es noch keinen Kanal in der Straße; und das hieß, dass wir eine Senkgrube im Vorgarten bekamen.

Als kleiner Junge fand ich es immer sehr interessant, zuzuschauen wenn der Lastwagen mit dem Saugrüssel kam. Überhaupt waren große Fahrzeuge für mich immer spannend. Am liebsten beobachtete ich, wie die Müllmänner große Möbelstücke in den Müllwagen hievten, der dann mittels einer rotierenden Presse unter Ächzen und Krachen Kleinholz aus den Sofas und Schränken machte. *Nee, wat woar dat schön!*

Dat dehdet och

Doch zurück auf die Baustelle. Mein Vater ist ein sehr friedlicher Mensch. Doch mit dem Architekten, Herrn P., hätte er sich beinahe geprügelt. Dieser hatte zum Beispiel vergessen, die Abwasserrohre vom ersten Stock in die Pläne für das Erdgeschoss einzuzeichnen. Beim Bau stellte man dann fest, dass die Rohre noch unter die Decke mussten; der Eingangsbereich wurde dadurch gut fünfzehn Zentimeter zu niedrig.

Auch sonst gab es einigen Anlass zur Unzufriedenheit. Die Terrasse über der Garage an der Seite des Hauses war undicht. Mein Vater beschloss, aus der Terrasse ein zusätzliches Wohnzimmer zu machen – später in der Familie das „gute Zimmer" genannt, das nur an Weihnachten oder bei runden Geburtstagen genutzt wurde.

Meine Geschwister und ich waren noch klein; deshalb wurden wir zusammen mit Mama in den Schwarzwald geschickt, damit wir *us de Fööss woare*.

Dat dehdet och

Als Fachmann zog *Pap* den im Dorf hoch angesehenen Schützengeneral und Maurer im Ruhestand, *Stüttschens Will* genannt *Zementooch*, hinzu. Dann konnte es also losgehen.

Herr Stückgen sparte zwar am Spieß, war aber immer voll bei der Sache. Wenn zum Beispiel eine junge Frau auf der Straße vorbei ging, schaute er ihr solange nach, bis sie aus den Augen war; dann wurde weiter gemauert. Offenbar konnte er mit dem Zweiten (also nicht mit dem Zementauge) besser sehen.

Herr Stückgen litt an einer chronischen Bronchitis. Er kannte aber keine Tempotaschentücher. Als echter Rheinländer sagte er sich bestimmt: „*Hamme net, jitt et net, bruche me net.*" Das, was der Husten so hervorbrachte, landete treffsicher *en de Spießbütt*. Danach *eemool joot met de Truffel ömjerührt*, und weiter im Text. So entstand also unser Anbau für festliche Anlässe.

Dat dehdet och

Einen Umbau des Daches lasse ich aus, um gleich zum letzten Bauvorhaben meines Vaters zu kommen. Nachdem mein Bruder mit 16 angefangen hatte, Schlagzeug zu spielen, und wir uns das eine Zeit lang angehört hatten, beschloss *Pap*, auf dem zusätzlich erstandenen Nebengrundstück ein Häuschen zu bauen. Das Häuschen wurde dann also der Proberaum.

Ich muss die akustischen Verhältnisse in meinem Elternhaus hier noch etwas eingehender beschreiben, nicht ohne dabei hervorzuheben, dass meine Eltern offenbar die tolerantesten Wesen auf diesem Planeten waren.

Mein Bruder wohnte Parterre und spielte Schlagzeug. Um die Musik von der Schallplatte hören zu können, die er am Schlagzeug nachspielte, hatte er sich zwei Lautsprecherboxen gebaut, die beide fast so groß wie Waschmaschinen waren.

Meine Schwester und ich übertönten das, was an Schall nach oben drang, in unseren Zimmern mit unseren eigenen Stereoanlagen.

Dat dehdet och

Dreimal unterschiedliche Musik, und alles ziemlich laut. Und dann schaffte *Pap* es auch noch, an seinem kleinen Radio WDR 4 zu hören. Mama blieb von all dem unbeeindruckt. Hut ab! – Ich könnte es meinen Eltern nicht nachmachen.

Das so genannte Häuschen war solide geplant und ausgeführt worden. An den Fundamenten haben sich die späteren Käufer des Grundstücks die Zähne ausgebissen; schließlich war da eine ganze Menge Beton in die Fundamente gegossen worden. Ein aufmerksamer Zeitgenosse hatte das übrigens ans zuständige Bauamt gemeldet.

Was nun folgte, war ein Paradestück rheinischen Umgangs mit Verwaltungsvorschriften. Der Mann vom Bauamt kam zufällig mit dem Rad vorbei, schaute kurz nach links und fuhr weiter. Mein Vater und Herr M. kannten sich ebenso zufällig seit Ewigkeiten aus dem Dorf.

Der Dialog, der kurz darauf am Telefon stattfand, lässt sich auch vom begnadetsten Dichter nicht weiter auf den Punkt bringen: Herr

Dat dehdet och

M.: „*Du bes' och jett am boue.*" – *Pap*: „*Dat häste jo jeseehn!*"

Das Ende vom Lied war, dass Herr M. die Zeichnung machte, und *Pap* nach Entrichten der fälligen Gebühren weiter bauen durfte. – *Dä!*

Das rheinische *dä* ist übrigens mehr, als nur ein Wort. Es ist der kürzeste Satz im rheinischen Platt und heißt soviel wie: Da siehst Du, so war das!

Gibt es so einen Satz aus zwei Buchstaben auch in anderen Sprachen? – Nicht dass ich wüsste.

Dat dehdet och

Die ersten Grünen – Leben ohne Auto

Pap es' Iesebähner. Nach der Lehre als Werkzeugmacher und der Zeit bei der Wehrmacht wurde er Wagenmeister bei der Bahn. Das sind die Leute, die mit dem langen Hämmerchen klopfen und am Klang feststellen, ob die Bremsen der Wagons in Ordnung sind.

Als überzeugter Bahnbeamter auf Lebenszeit vertrat *Pap* die Ansicht: „Wir brauchen kein Auto."

Es wurde also alles mit dem Rad erledigt. An den Wochenenden half ich mit, die Einkäufe vom Extra nach Hause zu transportieren. *Pap* hatte immer einen Zwölferkarton H-Milch hinten auf dem *Ständer*. Wieso der Gepäckträger bei uns *Ständer* hieß, habe ich nie begriffen. Zusätzlich hatten er und ich Einkaufstaschen links und rechts am Lenker.

Wir waren de facto die ersten Grünen, lange bevor die Partei überhaupt gegründet wurde. Das war nicht immer ganz angenehm für mich.

Dat dehdet och

Wenn wir Getränkekisten kauften, *Küppers Kölsch un' wisse Sprudel*, benutzten wir das Kärrchen. Das war kein gewöhnlicher Handkarren, sondern ein Dreirad mit perfekt geschmierten leicht laufenden Rädern und einer Deichsel, die es erlaubte, das Kärrchen zu lenken.

Mit diesem Gerät auf der Straße kam ich mir immer vor wie ein Außerirdischer. Als Heranwachsender will man ja alles – nur nicht auffallen. Alle anderen Familien im Viertel hatten ein bis zwei Autos vor der Tür stehen. Ausgerechnet wir waren anders!!!

Wenn Familienfeste gefeiert wurden, mussten wir immer abgeholt werden. Das taten die Verwandten dann auch. – Höchste Zeit für mich, an dieser Stelle einmal Danke zu sagen. Ich hoffe, liebe Verwandte, ihr werdet mein Buch lesen!

Oft kam uns *Rauschens Hein* abholen. Wir Kinder nannten ihn Onkel Hein, obwohl er weder verwandt noch verschwägert mit uns war. Als ewiger Junggeselle und treuer Verwalter des Guts

Dat dehdet och

Sophienwald von meiner Tante Marie-Theres und ihrem Mann, Onkel Willi, gehörte er eigentlich doch zur Familie.

Onkel Hein war die Ruhe selbst. An der Kaffeetafel schlief er regelmäßig ein. Er war eben nicht mehr der Jüngste. Seinen Golf I. fuhr er nach *Jehör*. Das war kein Problem. Als er die 80 überschritten hatte, ersetzte Onkel Hein mangelnde Reaktionszeit einfach durch Erfahrung.

Das Problem war, dass wir fünf Personen waren. Zusammen mit unserem Chauffeur waren wir schon sechs. Und dann wurden wir ja mit der Zeit auch noch größer, außer meinen Eltern, die irgendwann wieder anfingen zu schrumpfen.

Die Lösung war, dass Onkel Hein den dicken Mercedes von Onkel Willi bekam, um uns zu kutschieren.

Soweit so schön – aber so ein Wagen der oberen Mittelklasse ist im Fahrgastraum angenehm leise, und Onkel Hein fuhr immer noch nach *Jehör*. Mama betete im Stillen inständig

Dat dehdet och

„Vater Unser" und „Gegrüßet Seist Du, Maria", während Onkel Hein mit 100 über die Schillingsstraße bretterte. – *Do kasste neks maache, do mosste dursch.*

Mein Lieblingsonkel ist Onkel Heinz. Onkel Heinz ist der Mann meiner Patentante Katharina. Onkel Heinz hatte einen Käfer und später den berühmten Opel Rekord (Kennzeichen JÜL für das Neugliederungsopfer Jülich – *Jeht* über Leichen). Der Opel war noch Deutsche Wertarbeit aus stabilem Blech: *„Do kaste drövver loofe."*

Wegen Onkel Heinz und seinem Rekord, wurde ich selbst zum treuen Opel-Fahrer. Leider muss ich eingestehen, dass ich abtrünnig geworden und zwischendurch wenige Monate Ford gefahren bin.

Onkel Heinz kam jahrelang jeden Sonntagmorgen aus Stetternich nach Gürzenich, lud das Auto voll mit *Iesebähnern,* und dann ging es ab nach Heimbach. Wir hatten immer ein festes Programm:

Dat dehdet och

1.) Überholen zwischen Nideggen und Abenden, um den letzten Parkplatz unten an der Rur in Heimbach zu bekommen. Lieblings-Überholobjekt: Alter Mann mit Hut im cremeweißen Mercedes 200 Diesel
2.) Messe in der Heimbacher Kirche
3.) Aufstieg zur Abtei Kloster Mariawald
4.) Dort Erbsensuppe essen. Ich immer einen Teller ohne, Onkel Heinz zwei Teller mit Wurst
5.) Wandern
6.) Rückfahrt nach Gürzenich
7.) Mau Mau-Schlacht mit Aufschreiben

Onkel Heinz ist Profi. Er verwahrt immer eine Sieben bis zum Schluss. Wenn keiner mehr Herz hat, wünscht er sich Herz, damit alle ziehen müssen.

Am schönsten war aber immer der gespielte Ernst, mit dem alles von Statten ging: „Bist Du bekloppt? – Wie kannst Du Dir *Schöppe*

Dat dehdet och

wünschen!" – Jede Karte wurde mit soviel *Schmackes* gespielt, dass der Tisch krachte.

Da fällt mir beim Schreiben gerade ein, dass ich eigentlich von Autos dran war. Also, wir waren fünf Personen in Gürzenich. Onkel Heinz und Tante Katharina hatten auch drei *Pänz*, Cousine Hildegard, Vetter Norbert und Cousine Ursula.

Nachdem Sie jetzt also schon fast meine ganze Verwandtschaft kennen, müssen Sie sich nur noch die ganze Bande im VW Käfer vorstellen: Vier Erwachsene und sechs *Puute*. Der alte Käfer hatte hinter dem Rücksitz eine tiefe Ablage; da saß ich mit meiner Lieblingscousine Uschi drin. Der Rest der Kinder war irgendwie verteilt *op der Schüss* von Müttern, Tanten, Vätern oder Onkeln.

Ach so, wir sind damit dann auch gefahren. Später wurden die Kinder, wie gesagt, größer, und mit ihnen das Auto. Im Rekord haben wir unseren familiären Autofahr-Rekord erneut eingestellt; diesmal lagen Vetter Norbert und Bruder Josef im Kofferraum – sicherheitshalber mit offener Klappe.

Dat dehdet och

Blieben also nur noch acht Leute für den Innenraum.

Dat dehdet och

Dat dehdet och

Drej Bier – Vereinsleben in Gürzenich

Es versteht sich von selbst, dass man über dieses Thema ein eigenes Buch schreiben könnte. Aber ich verspreche, mich kurz zu fassen.

Mein Opa Josef war aktives Mitglied des Gürzenicher Turnvereins, zeitweilig im Vorstand. Mein Vater hatte selbstverständlich auch einen Posten im Verein zu bekleiden. Er war Wanderwart. In seiner aktiven Zeit spielte er Feldhandball, eine Sportart, die heute kaum einer mehr kennt. Er wurde vor ein paar Jahren zum Ehrenmitglied ernannt, was ihn mächtig stolz machte.

Natürlich musste ich ebenfalls Mitglied im GTV werden. Leider bin ich aber nicht besonders sportlich. *Pap* hat es dann auch eingesehen, und ich durfte mich recht bald wieder abmelden. Ich kann mich eigentlich nur noch an die Weihnachtsfeiern mit dem Hans Muff erinnern.

Dat dehdet och

Später habe ich einen zweiten Anlauf unternommen, im GTV Fuß zu fassen, und zwar in der Hallenhandball-C-Jugend. Es trafen aufeinander Birkesdorf 1 und Gürzenich 2.

Genauer gesagt, trafen wir nicht aufeinander, sondern die Birkesdorfer fielen über uns her. Sie waren fast alle einen Kopf größer, als wir. Unser Torwart hatte Schiss, und mein Freund Frank Nork musste als Feldspieler ins Tor.

Wir haben dann getan, was wir konnten, und nur sechsunddreißig zu null verloren. Es war mein einziges Handballspiel.

Zu jedem anständigen Verein gehört ein Vereinslokal. Und am besten noch ein Saal für die Feste. Bei uns war das der Saal Schulz. In diesem Saal fanden nicht nur die Sitzungen der KG *Jüzzenije Plüme* statt, sondern auch die Schützen- und Maibälle.

Vor Gründung der *Plüme* im Jahre 1954 hatte mein Vater im Karneval von unten, wie man heute sagen würde, mitgewirkt. Die Sechs Frohen Sänger vertonten Geschehnisse aus dem

Dat dehdet och

Dorfleben. Berühmt war das Lied „*Et koom ene Mann op Socke aa'.*" Gemeint war der Frisör, Herr Schmitz, der irgendwann auf Socken nach Hause schlich, um seine Holde nicht zu wecken. Das Lied brachte ihm den Beinamen *Schmitze Sock* ein, der unweigerlich an ihm haften blieb.

Erwähnen möchte ich noch das aufwendige Herstellen der *Plüme* für die beiden großen Dorf-Maibäume und das Ostereierschießen, die ebenfalls im Saal Schulz stattfanden. Da kann sich ja jeder, der es nicht kennt, einmal Gedanken machen, was das wohl war – das Ostereierschießen. Nur soviel: Der Saal sah danach nicht aus wie *ne Sou*.

Heute fehlt mir etwas in Gürzenich, seit es den Saal nicht mehr gibt; ich habe immer noch seinen Geruch in der Nase (es war kein Eiergeruch).

Der Wirt, *Schulze Fränz*, stammte nicht aus Gürzenich, wohl aber seine Frau *Änn*. Frau Schulz hatte einen feinen Sinn für gesellschaftlich relevante Umgangsformen.

Dat dehdet och

Unvergesslich ist mir, was sie laut vernehmlich zu ihrem Mann hinter der Theke sagte, nachdem sie die Bestellung aufgenommen hatte: *„Drej Bier, un ee' Bier füdde Herr Doktor Stoffels!"*

Doktor Stoffels war ein namhafter Geschäftsmann mit guten Kontakten. So zählte er etwa Rudolf Schock zu seinen Bekannten, der die letzten Jahre seines Lebens in Gürzenich verbrachte und auf dem dortigen Friedhof beerdigt wurde.

Das Begräbnis war eines der größten Ereignisse, die Gürzenich je erlebt hat. Viele Menschen gaben Herrn Schock das letzte Geleit. Willy Millowitsch kam sich bei Familie Köhler gegenüber vom Friedhof sogar einen Schirm leihen!

Nach meinen kläglichen Gehversuchen im Turnverein trat ich in die St.-Hubertus-Schützenbruderschaft Gürzenich 1343 e. V. ein. Anlass war meine enge Freundschaft zu Manfred Robens, meinem Schulkameraden, dessen Vater

Dat dehdet och

Schützenmeister (also Chef) und gleichzeitig lebenslanger Freund von *Pap* war.

Ich fürchte, ich habe mich damals gar nicht richtig dafür bedankt, dass ich jahrelang täglich bei Familie Robens ein- und ausging, und immer mit leckerem Weißbrot mit Apfelkompott versorgt wurde. Also vielen Dank für diese liebevolle und selbstlose Gastfreundschaft.

Meine Leistungen als Luftgewehrschütze standen meinen handballerischen Erfolgen in nichts nach. Vorbildlich hingegen war die Jugendarbeit der Schützen.

Wir dankten es ihnen durch fleißiges Papiersammeln, mit dessen Erlös ein Beitrag zur Errichtung der vereinseigenen Schießhalle erbracht wurde.

Beim Wiegen wurde natürlich immer ein bisschen nachgeholfen: Auf den vollen Anhängern saßen die Sammeltruppen – und auf den leeren zufällig keiner.

Mein ganz persönliches *Proplem* beim Altpapier war, die Schmuddelhefte, an die man

Dat dehdet och

sonst nicht so einfach *drankam*, so unter meiner Jacke zu verstecken, dass keiner *watt mitkrischte*.

Weitere Stationen meines Vereinslebens waren der Jugendchor, die Maigesellschaft, der von unserem Freundeskreis gegründete TSV und die Laienspielgruppe.

Jetz wo isch et schriev, meen isch, et wöer villeisch besser, isch tät noch ein Kapittelchen dranhängen. *Wöer doch schaad sonns.*

Dat dehdet och

Entweder me häddet, odde me häddet net

Der Jugendchor war die Gruppe, in der ich es am längsten ausgehalten habe. Das war so lang, dass ich mich irgendwann nicht mehr jung genug dafür fühlte.

Wie merkt man eigentlich, dass man älter wird? – Bei mir hab' ich es daran gemerkt, dass die Studenten anfingen, mich zu siezen.

Und man fängt auf einmal an, sich über *Asis* zu ärgern, obwohl man sich selbst früher auch mal daneben benommen hat. Aber das war eben früher! – Wir waren ja auch mal jung – aber *soo* jung!

Im Chor unter der Leitung von Manfred Franken wurde nicht nur neues christliches Liedgut gepflegt; sondern an den Chorwochenenden wurden wir von den älteren Sängern auch in die Welt der Unterhaltungsmusik eingeführt.

Dat dehdet och

Das beste Lied aus dieser Rubrik war der „Pippiman Boogie", Komponist und Dichter unbekannt:

1. Strophe:
Em Somme, wenn et heeß es', do kamme schwemme jonn
Do sittme jruß un' kleen em Wasser stonn
Alle pisse öm de Wett
D'r Beste vom Drejmeterbrett

Refrain:
It's de Pippiman Boogie, hee joo hee
De pippiman Boogie, hee joo hee (3-mal)

Die Strophen 2 und 3 sind auf Anfrage beim Verfasser erhältlich, natürlich kostenlos.

Die neue Chorleiterin, Martina Mäsch, aus Düren (!) hatte es schwer mit uns. Sie wollte uns unter allen Umständen das rheinische *sch* austreiben. Und das ausgerechnet bei so schönen Wörtern wie *isch, misch* und *disch*.

Dat dehdet och

Hier noch die fällige Anekdote aus dem Jugendchor. Entstanden war sie durch meine *krienistije Tön*.

Ein Mädchen aus dem Chor hatte *Weggemänner* gebacken. Leider war der Hefeteig nicht so richtig aufgegangen, und man tat sich ein bisschen schwer beim Kauen.

Während wir also so kauten, kam mir auf einmal die Erleuchtung, die ich natürlich sofort laut verkünden musste: „Jetzt weiß ich auch, wieso die Weg-Männer heißen!" – Und dabei machte ich eine Wegwerfbewegung über die rechte Schulter.

Meine Mitsängerin hat seitdem nie wieder ein Wort mit mir gewechselt.

Die Maigesellschaft Gürzenich seit 1910 feiert in diesem Jahr ihr hundertjähriges Bestehen. Da man ihr leider die beiden Buchstaben e. V. nicht zugesteht, muss sie sich jedes Jahr neu gründen. Das soll natürlich niemanden vom Feiern abhalten.

Alle meine Freunde waren Mitglieder in der Gesellschaft, die meisten auch im Vorstand. Ich

Dat dehdet och

war nur einfaches Mitglied. Bei der Maigesellschaft habe ich mehr Kameradschaft erlebt, als später bei der Bundeswehr.

Besonders hat uns zusammengeschweißt, dass wir im *Böisch* jedes Jahr die großen Dorf-Maibäume holten. *Forell* und Manni Robens hatten die Gabe, den glatten Birkenstamm hoch zu robben. Oben wurden Seile befestigt, und dann kam Oswald *met de Motorsääsch*.

Zum Schluss mussten alle mit anpacken und den Baum auf den Anhänger von *Essers Mischael senge Träcker* hieven.

Abgesehen vom Bäume Holen, Bäume Schmücken, Bäume Bewachen und Bäume Aufstellen, war natürlich die Maiversteigerung mit das spannendste Ereignis des Jahres.

Da wurden die Mädchen *usjeklopp* (das tat nicht weh). Die Jungs mit fester Freundin hatten Pech und wurden im Preis hochgetrieben.

Bei vielen Mädchen, deren Namen vom Ausklopfer vorgelesen wurden, johlten wir: „Sack!" – Das hieß, dass keiner das Recht erwerben

Dat dehdet och

sollte, diesem Mädchen einen Maibaum stecken zu dürfen.

Je länger der Abend, desto lauter wurden wir naturgemäß – bis Ausklopfer Günter T. uns zu Anstand mahnte: „Ruhe, Ihr Arschlöcher!" – Der Ton war halt ein bisschen rau.

Ein einziges Mal (bisher) war ich selbst Gründungsmitglied eines Vereins: Der Trinksportverein TSV Gürzenich war der mehr oder weniger ernst gemeinte Versuch, unseren Trinkgewohnheiten einen sportlichen Rahmen zu geben. Sie wissen ja: Alkohol, in Maßen genossen, schadet auch in größeren Mengen nicht.

Und die Sache hatte tatsächlich etwas Gutes: Als ich zur Bundeswehr kam, hatte ich bereits genügend Trinkerfahrung, um dort kein blaues Wunder zu erleben. Leider haben wir, ebenso wie die Maigesellschaft, nie den e. V.-Status erworben. Ich kann gar nicht verstehen, warum nicht.

Beim TSV und seinen weitläufigen Anhängern wurde nicht nur getrunken, sondern

Dat dehdet och

auch gesungen. Bei jeder Party hatten wir so gegen 22 Uhr den nötigen Pegel erreicht; und dann *jeng et loss* mit Liedern von *De Bläck Fööss*.

Diese berühmte Kölner Gruppe verdient einen Orden, falls sie den nicht schon lange hat. Ich schlage die *Blootwuursch (Flönz)* am Bande vor. Kaum eine andere Band hat so viel zum Wir-Gefühl der Rheinländer beigetragen, wie die *Fööss*.

In dem Jahr Anfang der 1990er Jahre, als die Rosenmontagszüge ausfallen mussten, kam ich im Monat Mai auf einer Radtour nach Eupen. Beinahe fiel ich vom Sattel, als ich aus einem Lautsprecher den *Fööss*-Klassiker „Mer losse d'r Dom en Kölle" hörte. Die Eupener verstehen sich karnevalistisch (wohlgemerkt) als belgische Rheinländer und hatten *kee' Proplem* damit, den Zug im Mai nachzuholen.

Mein Lieblingsverein in Gürzenich war die Laienspielgruppe unter der Leitung von *Quaste Fritz* mit seiner Frau Mary als Souffleuse. Tochter Ellen war auch mit dabei und hat einmal sogar

Dat dehdet och

eine Doppelrolle gespielt, weil Mitspielerin Inge Heiden kurzfristig erkrankte.

Von Gerd Thönnessen stammt der berühmte Satz: *„Entweder me häddet, odde me häddet net."* – Gerd hatte es. Es war die natürliche Gabe, die Leute zum Lachen zu bringen, einfach durch seine trockene Art.

Für die etwas kauzigeren Rollen war Norbert Holzapfel zuständig. Er scheute keine Mühen, was die Kostüme anbelangte.

Einmal überraschte er uns alle mit einer Herrenkonfektions-Eigenkreation, einem Drei-Reiher, der unglaublich gut ins Bild passte.

In Köln suchte er für eine andere Rolle (nach Art von „Charly's Tante") Pumps in Größe 45. „Ich brauche sie für's Laientheater." – „Ja, ja …", winkte der Verkäufer ab, *„dat kenne me."*

Mein erster Auftritt im Jugendheim, für den ich mir Rollenbedingt einen Anzug in Silbermetallic besorgt hatte, wurde vom Publikum mit einem staunenden *„Oooh!"* kommentiert.

Dat dehdet och

Schließlich kannten mich alle sonst nur in Jeans und T-Shirt.

Das Schöne daran, dass wir immer nur vor uns wohl gesonnenen Gürzenichern spielten, war, dass ich manchmal noch ein halbes Jahr nach der letzten Aufführung vor der Sparkasse von älteren Damen angesprochen wurde mit: *„Du woarst doch och dobej – dat woar esu schön!"*

Meine absolute Lieblinsrolle war die des Emil Dobermann in „Die vertagte Hochzeitsnacht". Das ist eine Rolle, wie man sie sich gerne mal für das wirkliche Leben wünscht: Alles managen und dabei jeden für sich arbeiten lassen, über die Strenge schlagen, und dann auch noch immer die Anderen für alles verantwortlich machen – *herrlisch!*

Wir hatten immer alle *rischtisch Spass* bei den Proben und natürlich bei den Aufführungen. Unser ehrgeizigstes Projekt wurde leider nicht umgesetzt: Wir wollten erstmalig ein Stück frei überarbeiten und dabei komplett ins Rheinische

Dat dehdet och

übersetzen. Der Titel sollte „Lockruf der Eifel" lauten.

Mir wurde von Woche zu Woche immer peinlicher bewusst, dass ich aufgrund mangelnder sprachlicher Authentizität einer Rolle in einem solchen Stück nicht gewachsen war. Ich habe dann leider aufgehört mitzuspielen – *schaad, ne?*

Dat dehdet och

Dat dehdet och

Die lieben Nachbarn

Am schönsten ist Krach mit den Nachbarn. *Dat jeht auch schomma vor Jericht,* wenn *et* sein muss. Wem das zu anstrengend ist, der begnügt sich vielleicht damit, über seine Nachbarn zu lästern, oder sich wenigstens über sie lustig zu machen.

Die Übersetzung der Autokennzeichen in *Doof Nuss,* und so weiter, denken sich ja meistens die Bewohner der Nachbarkreisgebiete aus. Wenn man in den Kreisen Düren, Heinsberg (HS – Hirnschaden) und Euskirchen (kennt jemand eine Bedeutung für EU – *Eifeler Usel* vielleicht?) eine Volksabstimmung machen würde, käm' bestimmt als neues Kennzeichen für Aachen ÖP – *Öcher Print* raus.

Nee, wat woar dat fröhje schön, als *Pap* jedes Mal ordentlich *vertrimmt* wurde, wenn er als Jugendlicher ohne Geleitschutz ins Nachbardorf Derichsweiler ging. Heute würden die

Dat dehdet och

"jugendlichen Straftäter" kriminalisiert. Früher war das eben so. *Et wutt kenne Bohei druss jemaat.* Getreu dem Motto: *„Et es' wie et es'."*

Selbstverständlich war man selber auch nicht netter zu den Anderen. Das harmloseste war dabei, dass man einander Namen gab: *De Birjeler woare de Schanzeremmelle; dovüer woare de osere de Kappesbuure.*

Zu meiner Zeit konzentrierten sich die gegenseitigen Aversionen oder Sticheleien erneut auf die Paarung Gürzenich gegen Derichsweiler. Für uns waren die Einwohner von Derichsweiler *de Hubbäte*, und das Dorf nannten wir *Hubertshausen*. Ich nehme an, das ist heute immer noch so.

Ein Unbekannter hat einmal die aus unserer Sicht korrekte Bezeichnung auf das Ortsschild gepinselt, sehr zum Schaden für den Blutdruck der *Hubbäte*. Die wiederum waren unverschämt und nannten uns *Krau*.

Dabei konnte jeder, der Augen hatte, sehen, dass wir was Besseres waren; das sah und sieht

Dat dehdet och

man jedes Jahr im Mai. Überall gibt es normale Maibäume; nämlich Birken. In Gürzenich gibt es aber <u>richtige</u> Maibäume mit ordentlich vielen und schönen *Plümen*, sowie Röschen an der Spitze.

Was aber sieht der leidende Betrachter, wenn er in der Maienzeit durch Hubertshausen fährt? – Tännchen!!! – *Nee, nee, nee.*

Dat dehdet och

Dat dehdet och

Jong, ess nojett

Wenn man als Rheinländer nicht notwendigerweise nett zu seinen Nachbarn sein muss, so sieht die Sache schon ganz anders aus, wenn man zum Thema Gastfreundschaft kommt. *Do wesse me Bescheed, dat könne me.* Ist ja klar, warum: Der Besuch geht irgendwann wieder – *ävver de Noobe bliev.*

Mein Vater hatte einen Lieblingsgast. Das war ein Freund meines Bruders, Thomas Ventzke, aus Düren mit Verwandten in Bayern!

Immer, wenn Thomas da war, machte sich *Pap* einen Spaß daraus, ihm so viel Essen wie möglich aufzudrängen, also richtig mit *Annemier*: *„Jong, ess nojett!"*

Thomas aß, musste aber aufpassen, dass er sich nicht verschluckte, weil er nämlich jedes Mal lachen musste, wenn *Pap* wieder ansetzte: *„Domette jett zwesche de Rebbe kress."*

Dat dehdet och

Auch sonst hatten meine Eltern gerne Gäste zu Besuch; und die wurden immer *sihr joot ve'sorsch*.

Regelmäßig kam zum Beispiel eine zierliche Frau vorbei, die ich nur als Maria, die Zigeunerin, kenne. Anfangs kam sie nur, um Häkeldeckchen oder Socken zu verkaufen. Meine Eltern kauften ihr auch immer etwas ab: „Die arme Frau."

Und mit der Zeit entwickelte sich so etwas wie eine Freundschaft. Maria brachte dann schon mal ein oder zwei Kinder mit. Oft wurde sie mittags zum Essen eingeladen.

Zusätzlich zu dem, was meine Eltern kauften, steckten sie Maria auch des Öfteren mittelgroße DM-Scheine zu. Von Maria gab es immer zu Weihnachten kleine Geschenke für die ganze Familie.

Damit ich nicht alle anderen Besucher auch noch aufzählen muss, beschränke ich mich auf zwei, die immer *mem Mopped* kamen.

Da gab es einmal Pater Edel, der seinem Namen alle Ehre machte. Wie der Kontakt genau

Dat dehdet och

zustande gekommen war, weiß ich nicht; aber das muss wohl daran gelegen haben, dass meine Familie mütterlicherseits immer einen sehr guten Draht zur Kirche hatte. Eine Schwester meines Opas Alfons war Nonne, Tante Sofia, und hieß im Orden Schwester Felicitas.

Der andere Mopedfahrer war ein Verwandter väterlicherseits, *Pohlens Häns*.

Kontrastreicher konnten die beiden Zweiradfahrer nicht sein: Der Pater, seinem Namen getreu, sehr gewählt in der Ausdrucksweise – Onkel Hans dagegen mit einem so breiten *Platt*, dass ich aufgrund meiner mütterlicherseits verordneten Lernschwäche nicht mehr viel mitbekam.

Bevor es im nächsten Kapitel weiter geht mit dem Thema Kirche, hier noch eine kleine Anekdote zum Thema Familienplanung.

Wie jeder Vater, wollte auch *Pap* noch zu Lebzeiten Opa werden. Den Gefallen hat ihm bisher nur meine Schwester getan. Ich musste also noch an die (richtige) Frau gebracht werden.

Dat dehdet och

Jetzt hatte ich in Aachen eine nette Bekannte kennen gelernt, mit der ich übrigens ohne Komplikationen seit über zwanzig Jahren befreundet bin. Martina hatte ein kleines Mädchen, und ich wollte die beiden einmal meinen Eltern vorstellen.

Naiv, wie ich war, dachte ich, mein Vater würde das schon verstehen, wenn ich ihm sagte, dass da nichts zwischen uns war, und dass wir eben nur gute Freunde seien.

Tatsächlich war *Pap* auch sehr nett und hat nichts Verfängliches gesagt.

Kaum waren wir aber aus dem Haus, musste er einen Stoßseufzer loswerden: „*De' moss jo wesse watte deht!*" – Dieser Satz enthielt allen gesammelten Vater-Frust und ein tiefes Misstrauen hinsichtlich meiner Zurechnungsfähigkeit.

Dat dehdet och

Kultur trifft Unschuldigen – den Rheinländer

Wenn man einen durchschnittlich gebildeten Rheinländer fragt, was Kultur ist, denkt der wahrscheinlich erst mal an ein *Nessessär* mit Reißverschluss für Zahnbürste, Kölnisch Wasser und Ohropax – die Kulturtasche.

Wenn man dann tiefer nachbohrt, kommt vielleicht die Assoziation zur Agrikultur. Im Grunde ist ja jeder Rheinländer innen drin *sunne kleene Tünnes, un de woar ene decke Buur.* Ich weiß, wovon ich spreche; ich bin nämlich *och esunne.*

Wer damit immer noch nicht zufrieden ist, der muss sich eben etwas mehr Mühe geben, dem Ripuarier eine anständige Antwort zu entlocken.

Die Brauerei Bitburger hat vorgemacht, *w'e dat jeht.* Es wurde eine große Image-Kampagne gestartet, um das bereits leidlich am Markt platzierte Bitburger Pils auf der Trink<u>kultur</u>-Leiter ein Stückchen weiter nach oben zu bugsieren.

Dat dehdet och

Womit die nicht gerechnet hatten, war, dass die an meinen Freund Peter Hüttemann, seines Zeichens Amtsrichter im Hunsrück – aber in Wirklichkeit ein echter Gürzenicher, geraten würden.

Die fragten also recht selbstsicher, wer für Peter denn der typische Bitburger-Trinker sei. Dabei wurde vorausgesetzt, dass der Befragte was Nettes sagen würde, damit er sich anschließend an der kulturell geadelten Gerstenkaltschale laben durfte.

Mit anderen Worten: Die hatten ihm ein Win-Win Geschäft versucht schmackhaft zu machen: Du bist lieb, dann darfst Du trinken.

Da hatten sie sich geschnitten. Peter antwortete wie selbstverständlich: „*Dat es'* der Eifeler Bauer, der sich die Flasche an den Hals setzt." – *Tätää!* – Widder nix mit der Kultur!

Joot, wenn et da' senn moss. Dann müssen wir eben noch deutlicher werden: „*Kultuur, dat es Musick, Molerej, Theate'.* Welche Musikinstrumente kennst Du?"

Dat dehdet och

„Eöö, de decke Trumm."

„Un esöns? – Was ist der Unterschied zwischen einem Klavier und einer Gitarre?"

„Senn die us Hollz?"

„Jajo dat!"

„Da' brennt dat Klavier *länge'."*

Jeder Mensch mit normal strapazierfähigem Nervenkostüm hätte spätestens jetzt aufgegeben. Nicht so meine Mutter.

Für sie stand fest, die Kinder mussten ein Instrument lernen. Da war ich zum ersten Mal gar nicht mehr so froh darüber, dass mein Bruder Josef und ich *quasi* gleich alt waren. Ich hätte ihn nämlich liebend gerne alleine vorgeschickt zum *Frollein*, bei der wir Blockflötenunterricht zu nehmen hatten.

Es war strapaziös für alle Beteiligten. Der Vorhof zur Hölle war für mich die Probe des Kinderorchesters, in dem wir beide mitspielen sollten. Ich konnte mich nur noch retten, indem ich in einen Kreislaufkollaps mit Kochsalzmangel und kaltem Schweiß flüchtete.

Dat dehdet och

Als ich dachte, ich hätte das Schlimmste überstanden, kam Lehrer Langen, ein solitär lebender Sonderschulpädagoge aus Gürzenich mit der Geige angerückt, um sie mir anzuprobieren. Dahinter steckte wieder meine Mutter.

Mit Mühe konnte ich Herrn Langen davon überzeugen, dass ich dafür nicht der Richtige war. Ich erinnere hier nur an meine sportliche Grundkonstitution.

Endlich zeigte Mama christliches Mitgefühl. Sie engagierte einen netten älteren Herrn, Herrn Weindorf, als Klavierlehrer. Herr Weindorf kam immer zu uns ins Haus. Er war immer freundlich zu mir und kein bisschen ungeduldig.

Nachdem wir innerhalb von zwei Jahren immer noch nicht über die ersten vier Clementi-Sonatinen hinaus gekommen waren, wurde er für das Große Verdienstkreuz mit Stern und Schulterband vorgeschlagen.

Um es kurz zu machen: Aus mir ist nie ein Musiker geworden. Bis heute bringe ich auf

Dat dehdet och

keinem Instrument der Welt irgendwelche erträglichen Klänge zustande.

Woran liegt das? – Der Grund muss in den Erbanlagen zu finden sein. Ich habe offenbar mehr von denen meines Vaters abbekommen, als meine beiden Geschwister.

Meine Mutter war immer jeglicher Form von Musik aufgeschlossen zugewandt. Sie kam aus einem musikalischen Hause. Ihre eigene Mutter hatte eine Ausbildung als Opernsängerin genossen.

Pap dagegen das genaue Gegenteil. Wenn mein Bruder oder ich Jazz- oder Rock-Schallplatten hörten, sagte *Pap* immer: *„Dat es kenn Musick, dat es Jeduddels!"*

Auch für Klassik hatte er nichts übrig. Wenn zufällig ein Sender mit schwerer Orchestermusik im Radio eingestellt war, hieß es: *„Do wedd e Pääd bejraave."*

Für Sopranistinnen hatte *Pap* einen Ausdruck parat, den ich noch niemanden sonst jemals benutzen hörte: *„En Jills."*

Dat dehdet och

Die *Jills* stellte ich mir immer ganz dürr vor und mit panischem Gesichtsausdruck.

Sopran-Arien wurden von *Pap* grundsätzlich kommentiert mit: *„Do kreen isch Zangpeng von."*

Mein Vater mochte nur Marschmusik. Erträglich war für ihn ansonsten noch der Blaue Bock, und das, was man so in Bayern zu hören bekam, wohin er immer gerne in Urlaub fuhr.

Letzteres galt allerdings nur zeitlich begrenzt, also für seine Junggesellenzeit und die Phase, in der wir *alle Mann* zusammen in Ferien fuhren.

Später ging er lieber seinen Hobbies in Gürzenich nach. Da wurde nicht mehr gereist.

Den glatten Beweis, dass es nicht an der mangelnden Erziehung seitens meiner Mutter lag, dass aus mir kein zweiter Horowitz geworden ist, lieferten meine Geschwister.

Meine Schwester brauchte sich nur ans Klavier zu setzen, und die Lieder flogen ihr irgendwie zu. Sie ist ein Naturtalent. Und mein Bruder lebt sogar davon. Er ist Profi-Schlagzeuger.

Dat dehdet och

Um seinen mühevollen Weg zum Ziel habe ich ihn zwar nie beneidet (oder heißt das benitten?); aber allergrößten Respekt und letztlich sehr viel Stolz hat er in mir für seine Leistung erweckt.

Für mich sind Musiker die fleißigsten Menschen der Welt. Es reicht nicht, dass sie etwas gut machen, sie müssen außergewöhnlich sein. Und das heißt Arbeit, Arbeit, Arbeit!

Harte Arbeit war es für meinen Bruder besonders, von *Pap* auch nur die geringste Anerkennung für seine Sache zu erlangen.

„Dat es do' kenne Berof. Dat senn jecke Tön." – Das Einzige, was Josef vielleicht hätte machen können, um *Pap* mit Musik Freude zu bereiten, wäre Tanzmusik im Saal, oder Trommeln im Heeresmusikkorps gewesen.

Herr Vorsitzender, nach Prüfung aller Zeugenaussagen und sachdienlicher Hinweise plädiere ich für den angeklagten Rheinländer auf unschuldig im Sinne der Überschrift dieses Kapitels.

Dat dehdet och

Dat dehdet och

20 Mark vüer de hillije Antonnius

Der Rheinländer hat von je her ein rustikales Verhältnis zu Religion und Kirche. Manch einem mag das abfällig oder gar lästerlich erscheinen – ich glaube aber, dass das immer herzlich gemeint ist. So zum Beispiel wenn man fragt, wie Jesus auf Platt heißt, und man dann als Antwort hört: *„Zimmermanns Jupp desenge."*

Ich bin in einem höchst katholischen Haus aufgewachsen und erzogen worden. Meine Mutter ging jeden Tag in die Kirche. Und auch zu Hause wurde viel gebetet.

Leider wurde meine Mutter über die Jahre ein wenig wunderlich. *En de Kersch* hat sie immer mit vollster Überzeugung und laut vernehmlich mitgesungen und -gebetet, was für die anderen Gemeindemitglieder nicht immer einfach war; denn Mama hat den Einsatz immer um eine halbe Sekunde verpasst. Mit ihrer kräftigen Stimme hat sie hoffentlich Gottes Ohr erreicht.

Dat dehdet och

In Gürzenich gab es auch noch eine andere Dame, die ein bisschen wunderlich war, Frau Hühnerbein. Sie lief immer mit einem großen Wecker durchs Dorf und fragte jeden: *„Wiffel Uhr hamme?"*

Solange das eine Fremde ist, lacht man darüber; aber bei der eigenen Mutter findet man das dann nicht mehr komisch. – Komisch, *ne*?

Pap hatte im Gegensatz zu Mama immer schon die typische rheinische Herangehensweise an religiöse Fragen. Als Messdiener sang er aus Anlass einer Namensähnlichkeit mit einem Gürzenicher statt „O komm, o komm Immanuel" – „O komm, o komm, *Quadesch Manuel!*".

Auch sonst dachte *Pap* als praktizierender Katholik praktisch: Wenn er etwas Wichtiges verlegt hatte, versprach er immer 20 Mark *vüer de hillije Antonnius*. Meistens hat das geholfen. Das Geld wurde dann auch wirklich gespendet, versteht sich.

Mein Vater wurde einmal für einen Pastor gehalten, weil er immer eine Baskenmütze und

Dat dehdet och

häufig dazu einen schwarzen Pullover über dem weißen Hemd trug.

Auch mir wurde so etwas in der Art nachgesagt. Onkel Willi Wolff prophezeite uns: *„Thomas widdens Pastur!"* – Da war also wieder jemand, den ich enttäuschen musste: Kein Offizier, kein Pastor; nein *de leeve Jong* musste ja unbedingt Chemiker werden!

„De mosste jewääde losse", hieß es dann. Wenn ich doch wenigstens danach Beamter geworden wäre, *wöer Pap zevredde jewäss*.

Dat dehdet och

Dat dehdet och

Lokalpolitik im Rheinland

Welcher Dürener kennt etwa *Schöppe Jupp* nicht? – Josef Vosen, MdB, war von 1984 bis 1998 ehrenamtlicher Bürgermeister und anschließend bis 1999 erster hauptamtlicher Bürgermeister der Stadt Düren. Bekannt wurde er durch seine volkstümliche Art. Den Beinamen hat er sich durch die vielen ersten Spatenstiche verdient.

Dieses Kapitel enthält die Anekdote, die ich am Häufigsten erzähle, weil sie so schön ist.

Wenn zwei Rheinländer aufeinander treffen, verstehen die sich direkt, ohne dass man sich lange kennen lernen muss. *Et es' esu.*

Jetzt gehört mein Vater auch noch zu einer SPD-nahen Arbeiterfamilie mit Generations-Bindung an die Dürener Metallindustrie. – Dennoch gab es eine Überraschung für *Jupp* Vosen, die er wiederum bravourös parierte.

Dat dehdet och

Pap hatte durch einen Arbeitsunfall die Werkmeistertätigkeit bei der Bahn aufgeben müssen und war Frühpensionär. Ohne Abzug von seiner Pension durfte er nur einen bestimmten Betrag dazuverdienen; dieser entsprach der Arbeit an drei Vormittagen pro Woche. Das tat er dann auch, zuerst beim Einwohnermeldeamt als Helfer bei der ersten Volkszählung. [13]

Danach folgte noch eine Tätigkeit als „Übersetzer" im Stadtarchiv: *Pap* schrieb die Karteikarten ab, die noch in Sütterlin geschrieben waren.

Aufgrund von Sparmaßnahmen verlor *Pap* diese Aufgabe; aber er hatte einige Verwaltungsmitarbeiter kennen gelernt.

Genau so einer sah *Pap* und Mama am Dürener Kaiserplatz auf den Bus nach Gürzenich

---

[13] An einem Abend hatte Pap seine Helfer-Kollegen zu uns nach Hause eingeladen; und da wurde gefeiert mit einer Bande aus langhaarigen Studenten. Einer dieser „Radikalen" wurde später Lehrer am Gymnasium am Wirteltor, das ich zu derselben Zeit als Schüler besuchte.

Dat dehdet och

warten und ging auf die beiden zu: *„Tach Willi, wie esset?"*

Josef Vosen, der meinen Vater, wie gesagt, nicht kannte, war gerade zusammen mit dem Herrn von der Verwaltung aus dem Rathaus gekommen, und ließ es sich nicht nehmen, sich in das Gespräch einzuschalten: *„Sidder och en de SPD?"*

Darauf *Pap*, ohne zu zögern: *„Nee, ävve em Jüzzenijer Turnverein."*

Un' Schöppe Jupp: „Dat dehdet och!" - So schön einfach und noch dazu basisnah kann Lokalpolitik nur im Rheinland sein!

Dat dehdet och

Dat dehdet och

Rasenmähen und andere Hobbies

Auch mein Vater wurde irgendwann wunderlich. Das fing ganz harmlos an mit Holzsammeln. *Pap* machte da eine anstrengende Aufgabe draus: Ohne Rücksicht auf Verluste fuhr er regelmäßig *mem Rad ende Böisch*, um Äste oder Wurzeln zu holen. Die wurden dann entweder zersägt, oder so wie sie waren neben dem Häuschen gestapelt und mit einer Plane zugedeckt.

Mein Bruder hätte davon mehrere Jahre den Ofen in seinem Proberaum *stochen* können. Drinnen in der Küche durfte *Pap* schon lange kein Feuer mehr im *Ovvend* machen, weil Mama Angst vor der Asche und dem Dreck hatte.

Dafür machte *Pap* dann ab und zu *Feuerschen* im Garten.

Vorher muss ich aber noch schnell erzählen, dass *Pap* den Männern vom RWE den Strommast vor unserem Grundstück zum Zersägen

Dat dehdet och

abgeschwatzt hatte, als die Leitungen in die Erde verlegt wurden. *„Meenste da', isch wütt die Tuppese dat joode Holz vottprecke losse?"*

Die *Feuerschen* zogen viele Kinder aus der Nachbarschaft an. Seitdem das Verbrennen von Gartenabfällen offiziell verboten war, kannten manche Kinder solche Feuer nur von Sankt Martin.

Pap hatte *Spass*. Die *„Feuerschen"* wurden langsam immer größer; bis mich eines Tages eine ängstliche Nachbarin meiner Eltern in Aachen anrief, die sich Sorgen machte, die Flammen könnten übergreifen. *Jott sei Dank* ist nie etwas passiert.

Das zweite Hobby von *Pap* war Rasenmähen. Seine Hauptaufgabe war es, den Rasenmäher nach Gebrauch wieder in ein aseptisches Gerät für Herz-Lungen-OPs zu verwandeln.

Das hieß in der Praxis: Zwei bis drei Stunden Mähen, drei bis vier Stunden Rechen (Schneiden von Restgrün mit der Schere hier nicht mit

Dat dehdet och

eingerechnet) und zum Schluss vier bis fünf Stunden Maschinenpflege.

Bei dieser guten Behandlung hätte der Rasenmäher noch Johannes Heesters überlebt.

Das *Proplem* hatten die Nachbarn: Der alte Mäher war ungefähr so laut wie ein Hubschrauber.

Man nahm mich also bei Seite, und ich sah ein, dass ein neuer Mäher her musste.

Ich fuhr mit *Pap* zum Fachhändler; und dann begannen die Verhandlungen. Am Preis hätte sich vielleicht noch etwas machen lassen – aber *Pap* verhandelte gar nicht mit dem Verkäufer, sondern mit mir: Er wollte auf keinen Fall einen Rasenmäher mit Fangkorb haben; denn dann hätte er ja rund vier Stunden Rechenzeit <u>verloren</u>!

Es musste telefoniert werden, ich habe Kniefälle gemacht; aber *Pap* blieb stur: Nur ohne Fangkorb! Den Sack von Verkäufer hätte ich treten können, als der nach zwei Stunden endlich durchsickern lies, dass man von dem Mäher meiner Wahl den Fangkorb abnehmen konnte, ohne dass die Mähfunktion verloren ging.

Dat dehdet och

Damit war *Pap* zwar nicht glücklich; aber schweren Herzens wurde dann doch dieser *Krüppel von Maschiehn jekoof.*

Jetzt komme ich endlich zum größten und wichtigsten Hobby meines Vaters: Katzen. Nichts, dachte ich, ging über das *Mippschen, Mippelinschen*, oder wie er sie sonst noch nannte: „*Komm her. Jooo. Du bess och jet joodes!*" – Unter Streicheln wurde das Tier mit liebevollen Worten überschüttet.

Offenbar kam nach der Katze lange gar keiner; dann *de Kenge*; *de Löck*; irgendwann *de Vrau*; und für ihn selber blieb auch nicht viel übrig.

Pap war so extrem geizig gegen sich selbst, dass er einen Rasierpinsel benutzte, der nur noch wenige Millimeter „Profil" hatte. Schätzungsweise 30.000 km Stoppelfeld hatte der schon runter.

Wir fassten uns ein Herz und schenkten *Pap* zu Weihnachten einen schönen neuen Wildschweinborstenpinsel. Er bedankte sich, stellte das Geschenk originalverpackt *ennet*

Dat dehdet och

Schaaf, und seifte sich weiter mit <u>seinem</u> Pinsel ein.

Manchmal versuchten wir, *Pap* zu überreden, Urlaub zu machen. Nur mal kurz weg für zwei, drei Tage, zusammen mit Mama. Luftveränderung. Mal was Anderes sehen. – *Pap*: *„Ich ka' doch et Huus net allee losse."* – Gemeint war: *„We' ve'sorsch misch da' et Mippelsche?"*

Soweit also der Stand, bevor Ana Luna kam. Ana Luna ist das erste Enkelkind meiner Eltern, die Tochter meiner Schwester und meines Argentinischen Schwagers Juan. Geboren wurde die Kleine in New York.

Stolz präsentierten die Eltern ihr wenige Monate altes *Schätzelein* dem total überwältigten *Pap*. Er hielt *dat Engelschen* auf dem Arm, und dann kam das größte Kompliment, dass er überhaupt anbringen konnte: *„Disch hannisch noch leever widde Katz!"* – Ich muss sagen, da war ich platt.

Dat dehdet och

Dat dehdet och

Neddezier oder *Su aalt wedd kenne*

Mama und *Pap* wurden älter. Mama verfiel irgendwann in eine Demenz, und *Pap* ging es auch nicht besser – nur zeitversetzt.

Wir entschlossen uns schweren Herzens, die beiden in das Altenheim Sophienhof in Niederzier zu bringen.

Was keiner von uns Kindern erwartet hatte, trat ein: Unseren Eltern geht es offenbar besser, als zu Hause. Nicht dass Sie wieder geistig auf der Höhe wären; aber sie scheinen gelassener geworden zu sein.

Anfangs lief *Pap* zwar täglich seine 10 km auf dem Gang ab – was ein richtiger Wanderwart ist! – Aber inzwischen hat er etwas von einem Buddha angenommen. Er sitzt im zentralen Raum der Station, mümmelt an ein paar Plätzchen und trinkt Tee.

Dat dehdet och

Mama spielt wieder mit Stofftieren und Puppen; und beide freuen sich immer, wenn einer von uns zu Besuch kommt.

Nur letzten Sommer habe ich mir Sorgen gemacht, als Pap ins Krankenhaus musste, weil ihm die verbliebenen Zähne raus genommen werden mussten.

Er hatte *wääje Peng* tagelang nichts gegessen und auch nichts gesagt. Bei der Voruntersuchung in der Dentalchirurgie des Aachener Klinikums ließ er sich nicht von *Frau Doktor* in den Mund schauen.

Als sie zum wiederholten Male versuchte, mit ihrem Zahnärztinnenbesteck in seinen Mund vorzustoßen, ließ *Pap* vollkommen überraschend folgenden Satz klar und deutlich vernehmen: „So lassen Sie das doch sein!"

Ein paar Tage später, nach glücklich verlaufener OP, lag *Pap* im Krankenbett, und mein Bruder und ich saßen bei ihm. Josef berührte ihn am Arm – *un sujett konnt Pap nonie legge*. Wieder

Dat dehdet och

kam ein Satz, und diesmal endlich im gewohnten Tonfall: *„Watt jiddet da' jetz at wedder?"*

Schön, dass er offenbar ganz der Alte war. Ich dachte bei mir: *Do semme zesamme: Drej Sturköpp, Willi 1, Willi 2 un Willi 3.*

Mein Vater hat inzwischen das stolze Alter von 86 Jahren erreicht und damit fast alle Verwandten auf seiner Seite abgehängt.

Auf der Seite meiner Mutter gab es etliche Frauen, die die 90 schafften. Ich bin fest davon überzeugt, dass Mama die auch noch locker knacken wird, und *Pap* wahrscheinlich auch.

Me welle et net övve'drieve, ävver die paa' Joahre jönne me enne!

Zu diesem Thema hier jetzt die letzte kleine Anekdote in diesem Buch, falls sich nicht noch eine Klitzekleine in die Danksagung einschleicht.

Frau Küppers war bis Anfang letzten Jahres eine Mitbewohnerin meiner Eltern. Sie war *stabil* und sah höchstens wie Ende 70, Anfang 80 aus. Sie fragte immer: *„Wo semme hee?"*

Dat dehdet och

Das Pflegepersonal musste laut zu ihr sprechen: *„En Neddezier."*

„Woa?"

Noch lauter: *„En Neddezier."*

„Wo litt dat?" – Frau Küppers stammte aus *Määzenisch*. Offenbar war Niederzier bereits außerhalb ihrer Welt.

Nach Neujahr war die tägliche Meldung an Frau Küppers: *„Vrau Küppers, üer wedd demmnääks honde't!"*

Darauf Frau Küppers ganz gemächlich: *„Su aalt wedd kenne."*

Und tatsächlich: Frau Küppers, die wie immer kräftig gewirkt hatte, *quasi* wie das blühende Leben, verstarb nur wenige Tage vor ihrem runden Geburtstag.

Dat dehdet och

Hilfe, wir sterben aus - Danksagungen

Su, jetz semme am Eng, also am Ende des Buches angekommen, und der ein oder andere fragt sich jetzt: *„Un isch?"*

Ich kann es mir schon lebhaft vorstellen: *„Jetz hamme de Jong att esu lang studiere losse, un hä schriev e Booch – un da' ben isch net do drin! Wo jiddet da' sujett? – Östije Keal!"*

Wat soll isch da' maache? – Ich kann ja schlecht alle Leute, die mich kennen, hier rein schreiben. *Weeßteret da'net, wat dat fünn Aa'bejt ess?*

Liebe Freunde und Verwandte, die jetzt noch nicht verewigt worden sind, bitte geduldet Euch. Vielleicht sticht mich ja der Hafer, und ich schreibe irgendwann eine Fortsetzung? – Es hat ja nur 15 Jahre gedauert vom Lesen der *„Oma Jertrud"* bis zum Schreiben dieses Machwerks.

Bis auf weiteres möchte ich mich schon mal bei allen bedanken, die nicht schon im Text

Dat dehdet och

bedacht worden sind. Zuerst bei meinen zahlreichen Vorfahren. Stellen Sie sich mal vor, einer von denen hätte Blödsinn gemacht – dann wär' ich jetzt vielleicht gar nicht da, und Sie hätten nichts zu lesen!

Dann bei denjenigen Verwandten, die dafür gesorgt haben, dass unsere Familie hoffentlich nicht ausstirbt: Vetter Wilfried mit Frau Maritta und Sohn Fabian (alle Kennzeichen BM). Junge, halte durch, Du bist der einzige Kirschgen in Deiner Generation! – Nur Mut!

Ich danke Dir, *Tant Keethschen*, Mutter Theresa von Köttingen, für all die Herzlichkeit: *„Jong, loss Disch ens dröcke"*, und für Deinen Einsatz, wenn Not am Mann war.

Vetter Michael, Du hast den Rheinländertest bestanden: *Wie deng Vrau fott woar, un Du et ärme Dier hotts, un isch Disch froore dät: „Wie esset?" – Woar Deng Antwoot: „Joot."* – Vielen Dank.

Vetter Alfons, herzlichen Dank für Soul und Phillysound. Ich höre immer noch dieselbe Musik!

Dat dehdet och

An die Nachbarn in Steinmaar, Pfarrer-Hecker-Straße und Kirchendriesch meinen Dank für die schöne Zeit.

An Herrn Heinz Cürsgen und seine Frau: Danke. Ich trinke immer noch aus dem Glas „König 80".

Den TSV-Mitstreitern von damals danke ich für die anständige Grundlage für alles, was danach kam. Unser Motto: *Komme losse!*

Schmitze Didi und *Birekovens Markus* danke ich für die Unterstützung in Sachen Funk.

Meinen Freunden Peter Hüttemann (Kennzeichen KH – Kein Hirn) und Michael Reddig (Kennzeichen DN) sei Dank für über 25 Jahre treuer Freundschaft.

Lieben Dank an meine zeitweiligen Lieblingsnachbarn Karin und Franz Kaußen, die mir *en Ieledörp* Asyl gewehrten.

Danke an die neuen Kumpane im Blues- und Rock Café in Aachen. *Roland, isch sach et Disch!*

Und zum Schluss danke ich natürlich meinen Eltern und Geschwistern. – Grüßt mir auch Gala,

Dat dehdet och

Juan-Angel, Ana Luna und Nahuel! – Ich hab' Euch alle lieb!

<u>Nachwort</u>: Das vorliegende Buch entstand im Februar 2010. Leider sind meine Eltern inzwischen verstorben. *Pap* starb Ende 2011 im Alter von 88 Jahren. Meine Mutter folgte ihm Anfang 2013 mit 83 Jahren nach. Gott habe sie beide selig!

Aachen, im Dezember 2013